árvore
de
diana

árvore de diana

ALEJANDRA PIZARNIK

Tradução **Davis Diniz**

APRESENTAÇÃO

O poema ensina a cair

por **Marília Garcia**

Árvore de Diana começa com um salto, um pulo:
"Eu dei o salto de mim à alba" –
é o que diz o primeiro verso e esse movimento na direção da alvorada – da aurora – da alvura do papel – não deixa de me conduzir à *linguagem*: um salto dado na direção do risco da escrita, o pulo de quem escreve para o dentro/fora do vazio, do experimento, do porvir.

Publicado em 1962, este quarto livro de Alejandra Pizarnik constitui, de fato, uma espécie de *salto* inaugural, já que traz a marca do que será seu estilo dali em diante. Entre 1960 e 1964, a autora passou uma temporada em Paris e esses poemas explicitam alguns dos diálogos que ela estabelece na altura, por exemplo com Octavio Paz, que escreve o prólogo do livro, ou Julio Cortázar, que tem um poema dedicado a si. Também ficam evidentes, neste livro, seu interesse pelas artes plásticas, que aparece em micro *écfrases* (na sequência 24, 25 e 26, "um desenho de Wols", "exposição Goya" e "um desenho de Klee") e determinados procedimentos estilísticos e temáticos, vários deles herdados do surrealismo francês, que será uma referência constante para ela, tanto em textos críticos e traduções, quanto nos poemas, com menções mais ou menos diretas.

Lendo os diários da autora escritos neste período, podemos identificar algumas leituras que ela fazia e as preocupações com os procedimentos e caminhos a serem tomados ("O que escrever? Para quê? Para quem? De que maneira? Quando? Como? Por quê?"). O "medo de não saber nomear o que não existe" (e a necessidade de achar palavras para fazê-lo) colabora com o *canto* e com o tom melancólico dos poemas: "cantei a tristeza do que nasce". E se o livro começa reforçando o canto, como neste verso, ele termina com um canto arrependido, voltado mais para o medo e para a impossibilidade de dizer. Mas, ao chegar ao fim, tudo já está dito e a "reação química" do título foi feita: "árvore de Diana" é a expressão usada para uma operação química que consiste em produzir, a partir de um metal, uma vegetação artificial que cresce como na natureza. A árvore de Diana é uma árvore metálica, de prata, também conhecida como "árvore filosófica", poderia dizer espécie de encontro fortuito (para citar Isidore Ducasse) de uma máquina de costura e um guarda-chuva. Ou de uma reação química com a tristeza do que nasce.

Assim, o leitor experimenta
o salto

como convite para um mundo desconhecido, convulsivo, cheio de sombras, povoado, sobretudo, por algumas poucas imagens obsessivas, dispostas em poemas curtos e pequenos textos em prosa, imagens que vão e voltam, que são retomadas de outros ângulos, que se encontram e se repelem. Um buraco, um barco, uma noite pálida, um buraco na noite, um pássaro petrificado, o deserto, uma parede trêmula, espelhos, palácios, bosques. Mais espelhos. Cinzas e ossos brilhando na noite e olhos tatuados por cima de olhos. Os contrastes e espelhos se multiplicam e se espalham por essas páginas e, de poema em poema, "de sombra em sombra"

 – de salto em salto –,

 um mundo que não existia vai sendo nomeado.

Por falar em espelhos, também gostaria de mencionar os duplos ao longo do livro e na obra de Pizarnik de um modo geral. Por exemplo, em relação ao *salto*,
trata-se de um salto que "sai"
do eu: "Eu dei um salto de mim à alba" –
isto é, já de saída ele aponta para uma *subjetividade desdobrada*, um eu que se reparte. Este eu dilacerado, as conversas com a segunda pessoa, a personagem ("ela") que muitas vezes se identifica com o sujeito, a sombra da sombra, esta figura do *doppelgänger*: são imagens que tomam conta de muitos versos. O eu é um outro. Aliás, não deixa de ser curioso nesse sentido a própria assinatura dupla da autora: "Flora Pizarnik" nasceu em 1936, em Avellaneda, província de Buenos Aires, filha de imigrantes judeus e esses são seus

dados biográficos. O pseudônimo "Alejandra Pizarnik" nasceu em 1955, com a publicação do primeiro livro da autora, *La tierra más ajena*. Uma e outra são a mesma pessoa, mas reforçam a ideia do eu desdobrado. E o tema literário tão antigo quanto fascinante, que une *vida* e *teatro* (ou vida e literatura), também faz parte desses jogos espelhados tão frequentes em sua obra (e vida), seja pelo discurso da própria autora (lemos em um de seus diários, a paráfrase de Rimbaud: "par littérature j'ai perdu ma vie"), seja pelo uso da leitura da obra para entender as circunstâncias trágicas da vida.

César Aira dedica um livro à Pizarnik que tem o propósito justiceiro de tentar descolar o uso tão habitual de algumas metáforas sentimentais tiradas de sua obra para falar da biografia: menina sonâmbula, pequena náufraga, bela autômata etc. Para Aira, essas metáforas, fora do contexto, congelariam a leitura e os processos próprios ao poema, que deveriam estar em movimento.

A grande alegria de termos o livro em mãos é poder ler e reler – e, a cada nova leitura, a cada salto, produzir encontros e processos específicos que ajudem a descongelar o mito. No caso da tradução, talvez esses encontros possam ser ampliados por chegar a outros contextos e leitores – e ainda mais nesta empreitada dupla da Relicário que traz ao mesmo tempo, para o leitor brasileiro, duas obras da autora (cuja poesia era até então inédita em livro no Brasil).

Deste modo, volto ao início e ao convite de Pizarnik para o *salto* –

o salto da leitura.

Afinal, lembrando os versos de Luiza Neto Jorge (que também estava em Paris no início dos anos 1960): "*o poema ensina a cair / sobre os vários solos / desde perder o chão repentino sob os pés /(...) até à queda vinda / da lenta volúpia de cair*".

Prólogo

Octavio Paz
Paris, abril de 1962

Árvore de Diana, de Alejandra Pizarnik. (Quím.): cristalização verbal por amálgama de insônia passional e lucidez meridiana em uma dissolução da realidade submetida às mais altas temperaturas. O produto não contém uma só partícula de mentira. (Bot.): a árvore de Diana é transparente e não dá sombra. Tem luz própria, cintilante e breve. Nasce nas terras ressecadas da América. A hostilidade do clima, a inclemência dos discursos e a gritaria, a opacidade geral das espécies pensantes, suas vizinhas, por um fenômeno de compensação bem conhecido, estimulam as propriedades luminosas desta planta. Não tem raízes; o caule é um cone de luz ligeiramente obsessiva; as folhas são pequenas, cobertas por quatro ou cinco linhas de escrita fosforescente, pedúnculo elegante e agressivo, margens dentadas; as flores são diáfanas, separadas as femininas das masculinas, as primeiras axiais, quase sonâmbulas e solitárias, as segundas em espigas, esporos e, mais raras vezes, espinhos. (Mit. e Etnogr.): os antigos acreditavam que o arco da deusa era uma rama desgarrada da árvore de Diana. A cicatriz do tronco era considerada como o sexo (feminino) do cosmos. Quiçá se trate de uma figueira mítica (a seiva das ternas ramas é leitosa, lunar). O mito alude possivelmente a um sacrifício por desmembração: um adolescente (homem ou mulher?) era esquartejado a cada lua nova, para estimular a reprodução das imagens na boca da profetisa (arquétipo da união dos mundos inferiores e superiores). A árvore de Diana é um dos atributos masculinos da deidade feminina. Alguns veem nisto uma configuração suplementar da origem hermafrodita da matéria cinza e, acaso, de todas as matérias; outros deduzem que é um caso de expropriação da substância masculina solar: o rito seria só uma cerimônia de mutilação mágica do raio primordial. No estado atual de nossos conhecimentos, é impossível decidir-se por qualquer destas duas hipóteses. Contudo assinalemos: os participantes depois comiam carvões incandescentes, costume que perdura até nossos dias. (Blas.): escudo de armas falantes. (Fís.): durante muito tempo se negou a realidade física da árvore de Diana. Com efeito, devido a sua extraordinária transparência, poucos podem vê-la. Solidão, concentração e um afinamento geral da sensibilidade são requisitos indispensáveis para a visão. Algumas pessoas, com reputação de inteligência, lamentam que, apesar de sua preparação, não veem nada. Para dissipar seu erro, basta recordar que a árvore de Diana não é um corpo que se possa ver: é um objeto (animado) que nos deixa ver além, um instrumento natural de visão. Além disso, uma pequena prova de crítica experimental desvanecerá, efetiva e definitivamente, os preconceitos da ilustração contemporânea: colocada frente ao sol, a árvore de Diana reflete seus raios e os reúne em um foco central chamado poema, que produz um calor luminoso capaz de queimar, fundir e até volatizar os incrédulos. Recomenda-se esta prova aos críticos literários de nossa língua.

1.

He dado el salto de mí al alba.
He dejado mi cuerpo junto a la luz
y he cantado la tristeza de lo que nace

1.

Eu dei o salto de mim à alba.
Eu deixei meu corpo junto à luz
e cantei a tristeza do que nasce

2.

Éstas son las versiones que nos propone:
un agujero, una pared que tiembla...

2.

Estas são as versões que nos propõe:
um buraco, uma parede trêmula...

3.

sólo la sed
el silencio
ningún encuentro

cuídate de mí amor mío
cuídate de la silenciosa en el desierto
de la viajera con el vaso vacío
y de la sombra de su sombra

3.

só a sede
o silêncio
nenhum encontro

cuidado comigo amor meu
cuidado com a silenciosa no deserto
com a viajante com o copo vazio
e com a sombra de sua sombra

4.

AHORA BIEN:

Quién dejará de hundir su mano en busca del tributo para la pequeña olvidada. El frío pagará. Pagará el viento. La lluvia pagará. Pagará el trueno.

A Aurora y Julio Cortázar

4.

AGORA SIM:

Quem deixará de afundar sua mão em busca do tributo para a pequena esquecida. O frio pagará. Pagará o vento. A chuva pagará. Pagará o trovão.

A Aurora e Julio Cortázar

5.

por un minuto de vida breve
única de ojos abiertos
por un minuto de ver
en el cerebro flores pequeñas
danzando como palabras en la boca de un mudo

5.

por um minuto de vida breve
única de olhos abertos
por um minuto de ver
no cérebro flores pequenas
dançando como palavras na boca de um mudo

6.

ella se desnuda en el paraíso
de su memoria
ella desconoce el feroz destino
de sus visiones
ella tiene miedo de no saber nombrar
lo que no existe

6.

ela se desnuda no paraíso
de sua memória
ela desconhece o feroz destino
de suas visões
ela tem medo de não saber nomear
o que não existe

7.

Salta con la camisa en llamas
de estrella a estrella.
de sombra en sombra.
Muere de muerte lejana
la que ama al viento.

7.

Salta com a camisa em chamas
de estrela a estrela.
de sombra em sombra.
Morre de morte estranha
a que ama ao vento.

8.

Memoria iluminada, galería donde vaga la sombra
[de lo que espero.
No es verdad que vendrá. No es verdad que no vendrá.

8.

Memória iluminada, galeria onde vaga a sombra
                              [do que espero.
Não é verdade que virá. Não é verdade que não virá.

9.

Estos huesos brillando en la noche,
estas palabras como piedras preciosas
en la garganta viva de un pájaro petrificado,
este verde muy amado,
este lila caliente,
este corazón sólo misterioso.

9.

Estes ossos brilhando na noite,
estas palavras como pedras preciosas
na garganta viva de um pássaro petrificado,
este verde muito amado,
este lilás cálido,
este coração só misterioso.

10.

un viento débil
lleno de rostros doblados
que recorto en forma de objetos que amar

10.

um vento frágil
cheio de rostos dobrados
que recorto em forma de objetos para amar

11.

ahora
      en esta hora inocente
yo y la que fui nos sentamos
en el umbral de mi mirada

11.

agora
      nesta hora inocente
eu e a que fui nos sentamos
no umbral do meu olhar

12.

no más las dulces metamorfosis de una niña de seda
sonámbula ahora en la cornisa de niebla

su despertar de mano respirando
de flor que se abre al viento

12.

não mais as doces metamorfoses de uma menina
                                             [de seda
sonâmbula agora no beiral de névoa

seu despertar de mão respirando
de flor que se abre ao vento

13.

explicar con palabras de este mundo
que partió de mí un barco llevándome

13.

explicar com palavras deste mundo
que partiu de mim um barco levando-me

14.

El poema que no digo,
el que no merezco.
Miedo de ser dos
camino del espejo:
alguien en mí dormido
me come y me bebe.

14.

O poema que não digo,
o que não mereço.
Medo de ser duas
a caminho do espelho:
alguém em mim adormecido
me come e me bebe.

15.

Extraño desacostumbrarme
de la hora en que nací.
Extraño no ejercer más
oficio de recién llegada.

15.

Faz-me falta desacostumar
da hora em que nasci.
Faz-me falta não exercer mais
ofício de recém-chegada.

16.

has construido tu casa
has emplumado tus pájaros
has golpeado al viento
con tus propios huesos

has terminado sola
lo que nadie comenzó

16.

construíste tua casa
emplumaste teus pássaros
golpeaste o vento
com teus próprios ossos

terminaste sozinha
o que ninguém começou

17.

Días en que una palabra lejana se apodera de mí. Voy por esos días sonámbula y transparente. La hermosa autómata se canta, se encanta, se cuenta casos y cosas: nido de hilos rígidos donde me danzo y me lloro en mis numerosos funerales. (Ella es su espejo incendiado, su espera en hogueras frías, su elemento místico, su fornicación de nombres creciendo solos en la noche pálida.)

17.

Dias em que uma palavra estranha se apodera de mim. Vou por esses dias sonâmbula e transparente. A bela autômata se canta, se encanta, se conta casos e coisas: ninho de fios rígidos onde me danço e me choro em meus numerosos funerais. (Ela é seu espelho incendiado, sua espera em fogueiras frias, seu elemento místico, sua fornicação de nomes crescendo sozinhos na noite pálida.)

18.

como un poema enterado
del silencio de las cosas
hablas para no verme

18.

como um poema ciente
do silêncio das coisas
falas para não ver-me

19.

cuando vea los ojos
que tengo en los míos tatuados

19.

quando vires os olhos
que tenho nos meus tatuados

20.

dice que no sabe del miedo de la muerte del amor
dice que tiene miedo de la muerte del amor
dice que el amor es muerte es miedo
dice que la muerte es miedo es amor
dice que no sabe

A Laure Bataillon

20.

disse que não sabe do medo da morte do amor
disse que tem medo da morte do amor
disse que o amor é morte é medo
disse que a morte é medo é amor
disse que não sabe

A Laure Bataillon

21.

he nacido tanto
y doblemente sufrido
en la memoria de aquí y de allá

21.

tenho nascido tanto
e duplamente sofrido
na memória daqui e de lá

22.

en la noche

un espejo para la pequeña muerta

un espejo de cenizas

22.

na noite

um espelho para a pequena morta

um espelho de cinzas

23.

una mirada desde la alcantarilla
puede ser una visión del mundo

la rebelión consiste en mirar una rosa
hasta pulverizarse los ojos

23.

um espreitar a partir da sarjeta
pode ser uma visão do mundo

a rebelião consiste em olhar uma rosa
até pulverizar os olhos

24.

(un dibujo de Wols)

estos hilos aprisionan a las sombras
y las obligan a rendir cuentas del silencio
estos hilos unen la mirada al sollozo

24.

(um desenho de Wols)

estes fios aprisionam as sombras
e as obrigam a prestar contas do silêncio
estes fios unem o olhar ao soluço

25.

(exposición Goya)

un agujero en la noche
súbitamente invadido por un ángel

25.

(exposição Goya)

um buraco na noite
subitamente invadido por um anjo

26.

(un dibujo de Klee)

cuando el palacio de la noche
encienda su hermosura
                        pulsaremos los espejos
hasta que nuestros rostros canten como ídolos

26.

(um desenho de Klee)

quando o palácio da noite
acender sua beleza
                pressionaremos os espelhos
até que nossos rostos cantem como ídolos

27.

un golpe del alba en las flores
me abandona ebria de nada y de luz lila
ebria de inmovilidad y de certeza

27.

um golpe da aurora nas flores
me abandona ébria de nada e de luz lilás
ébria de imobilidade e de certeza

28.

te alejas de los nombres
que hilan el silencio de las cosas

28.

te afastas dos nomes
que fiam o silêncio das coisas

29.

Aquí vivimos con una mano en la garganta. Que nada es posible ya lo sabían los que inventaban lluvias y tejían palabras con el tormento de la ausencia. Por eso en sus plegarias había un sonido de manos enamoradas de la niebla.

A André Pieyre de Mandiargues

29.

Aqui vivemos com uma mão na garganta. Que nada é possível já o sabiam os que inventavam chuvas e teciam palavras com o tormento da ausência. Por isso em suas litanias havia um som de mãos enamoradas da névoa.

A André Pieyre de Mandiargues

30.

en el invierno fabuloso
la endecha de las alas en la lluvia
en la memoria del agua dedos de niebla

30.

no inverno fabuloso
a endecha das asas na chuva
na memória da água dedos de névoa

31.

Es un cerrar los ojos y jurar no abrirlos. En tanto afuera se alimenten de relojes y de flores nacidas de la astucia. Pero con los ojos cerrados y un sufrimiento en verdad demasiado grande pulsamos los espejos hasta que las palabras olvidadas suenan mágicamente.

31.

É um fechar os olhos e jurar não abri-los. Enquanto lá fora se alimentam de relógios e de flores nascidas da astúcia. Porém com os olhos fechados e um sofrimento na verdade demasiado grande pressionamos os espelhos até que as palavras esquecidas soem magicamente.

32.

Zona de plagas donde la dormida come
                                        lentamente
su corazón de medianoche.

32.

Zona de pragas onde a adormecida come
                              lentamente
seu coração de meia-noite.

33.

alguna vez
            alguna vez tal vez
me iré sin quedarme
              me iré como quien se va

A Ester Singer

33.

alguma vez
          alguma vez talvez
eu irei sem ficar
          eu irei como quem se vai

A Ester Singer

34.

la pequeña viajera
moría explicando su muerte

sabios animales nostálgicos
visitaban su cuerpo caliente

34.

a pequena viajante
morria explicando sua morte

sábios animais nostálgicos
visitavam seu corpo quente

35.

Vida, mi vida, déjate caer, déjate doler, mi vida, déjate enlazar de fuego, de silencio ingenuo, de piedras verdes en la casa de la noche, déjate caer y doler, mi vida.

35.

Vida, minha vida, deixa-te cair, deixa-te doer, minha vida, deixa-te enlaçar de fogo, de silêncio ingênuo, de pedras verdes na casa da noite, deixa-te cair e doer, minha vida.

36.

en la jaula del tiempo
la dormida mira sus ojos solos

el viento le trae
la tenue respuesta de las hojas

A Alain Glass

36.

na jaula do tempo
a adormecida olha seus olhos sós

o vento lhe traz
a tênue resposta das folhas

A Alain Glass

37.

más allá de cualquier zona prohibida
hay un espejo para nuestra triste transparencia

37.

lá além de qualquer zona proibida
há um espelho para nossa triste transparência

38.

Este canto arrepentido, vigía detrás de mis poemas:

Este canto me desmiente, me amordaza.

38.

Este canto arrependido vigia por detrás de meus poemas:

este canto me desmente, me amordaça.

POSFÁCIO DO TRADUTOR

Pizarnik
traduzida

por **Davis Diniz**

*Este poema
em outra língua
seria outro poema*

*um relógio atrasado
que marca a hora certa
de algum outro lugar*

Ana Martins Marques (2015, p. 22)

*Traduzir é servir a dois mestres: ao estrangeiro
em sua estrangeiridade e ao leitor em seu desejo
de apropriação.*

Franz Rosenzweig (apud Ricoeur, 2012, p. 22)

Valha a velha máxima: *traduttori, traditori*. Tanto mais em poesia, tarefa que se inicia com o luto das perdas para terminar com o rogo aos pequenos ganhos. Há anos a produção poética de Alejandra Pizarnik demandava livros bem cuidados em nossa língua portuguesa, língua ao mesmo tempo vizinha e tão estranha ao original espanhol-pizarnikeano. Até aqui, no que respeita a livros, contávamos apenas com a edição de Joaci Furtado & a tradução de Ana Paula Gurgel para o romance *A condessa sangrenta* (Tordesilhas, 2011 [originária de 1971]). Sequer um livro de poemas (muito embora a prosa de Pizarnik esteja para uma sorte de escrita a romper com a continuidade semântica da página unilinear). Alguns gestos, sim.[1] Faltava contudo a edição de um livro de poemas da mais grave poeta argentina. A suplementar a notável ausência é que veio a Relicário Edições,

---

1 *La última inocencia* (1956) e *Las aventuras perdidas* (1958) foram integralmente traduzidas por Josiane Maria Bosqueiro, conforme encontramos em sua dissertação de mestrado (IEL/UNICAMP, 2010) intitulada "Apresentação e tradução das obras *La última inocencia* e *Las aventuras perdidas*, de Alejandra Pizarnik". Também Vinícius Ferreira Barth traduziu integralmente os poemas do livro *La tierra más ajena* (1955), publicados em sua primeira parte em abril de 2012 na revista digital *Escamandro*. Recentemente, Nina Rizzi publicou de forma independente uma tradução de sua autoria para o livro *Árvore de Diana* (Edições Ellenismos, 2017). Ainda em 2017, Mariana Basílio traduziu uma seleta com dez poemas de Pizarnik, publicados em outubro na revista digital *Mallarmagens*. Antes de todas as traduções previamente citadas, Sérgio Alcides havia traduzido uma seleta de poemas de AP, com publicação na antologia *Puentes/Pontes – poesia argentina e brasileira contemporânea* (FCE, 2003), livro aos cuidados de Jorge Monteleone e Heloisa Buarque de Hollanda. À frente de todos os nossos gestos, a precursora Bella Jozef, célebre hispano-americanista que em 1990 publicava pela editora Iluminuras a antologia *Poesia Argentina (1940-1960)*, apresentando ao público brasileiro aquela que possivelmente veio até nós como a primeira compilação de poemas de Pizarnik em língua portuguesa.

trazendo agora a publicação do díptico poético de Alejandra Pizarnik, *Árvore de Diana* (Relicário, 2018 [originário de 1962]) e também *Os trabalhos e as noites* (Relicário, 2018 [1965]). Graças ao empenho editorial de Maíra Nassif e ao financiamento do Programa Sur (que tardou, mas finalmente acolheu nosso estimado projeto) é que se publicam as traduções integrais destes dois livros inadiáveis a circular finalmente entre nós, assim convidados a entrar com toda a sua rica estranheza em nossa língua.

A obra da poeta de Avellaneda, de raízes eslavas e dicção poética às vezes afrancesada, quero dizer, absolutamente argentina em cada um de seus conflitos linguísticos e supranacionais, é toda ela um canto contra o silêncio (e a partir dele) do qual cada palavra deve ser arrancada para compor o poema. César Aira[2] já demarcou que a produção poética de Pizarnik consiste de uma ação combinatória que acessa uma quantidade limitada de termos articulados mediante a saturação do significante: albas, meninas, noites, mortes, espelhos, vozes etc. São alguns dos signos de frequência maior nos versos pizarnikeanos, os quais, no ponto ideal de saturação da língua poética, tendem à aniquilação do sentido uniformizador, cinzelando a linguagem normativa com a lâmina de seu reverso conotativo, assim produzindo profundidades polissêmicas por meio da língua insuspeitável da poesia.

Daí – enquanto leitores e leitoras da obra pizarnikeana – temos a sensação de confrontar uma sintaxe

---

2. AIRA. *Alejandra Pizarnik*, p. 39

cuja disposição não é senão a sóbria subversão da linguagem. Reside precisamente nessa ação a dinâmica construtiva da negação sígnica característica dos livros aqui comentados. Cada leitura deverá ser individual e diferente, de si e das outras que recomeçam o texto. Mas algo será recorrente em cada uma das leituras variáveis: a certeza de que para Alejandra Pizarnik o poema é uma deliberada manipulação da linguagem, a qual deve ser aniquilada antes de servir novamente à poesia. Nesse percurso, o poema é tanto silêncio absoluto quanto grito desesperado, um ponto de saturação da língua em que o verbo se cristaliza em toda a sua instabilidade para dizer o que está sendo dito a todo tempo sem nunca terminar de se dizer. Enfim, a poesia feita mistério, prática que se explica menos pelo gosto obscurantista do que pela necessidade de revelação intermitente da léxis eleita.

Justamente a isso é que leva o procedimento da combinatória aniquilante, conforme definíamos ao parafrasear o sensível trecho do ensaio dedicado por Aira à poesia de Pizarnik quando, em fins da década de 1980, o escritor argentino preparava um curso a ditar novos rumos de leitura crítica para a obra em questão. A aniquilação se faz necessária para que o poema alcance a abstração por meio da qual lhe ocorre recomeçar a língua desterrada do campo normativo já em outro lugar semiótico no qual a palavra não é garantia de nada.

Tenciono aqui não me alongar em interpretações exaustivas da poesia de Alejandra Pizarnik. Não devo, porém, furtar-me a pontuar alguns procedimentos e soluções a que cheguei durante as tentativas de alcançar por meio da tradução a característica fundamental que apontava anteriormente na obra poética pizarnikeana.[3]

Ao mais básico em primeiro lugar: decidi manter o "tu" – e não o "você" – como opção de pronome para a segunda pessoa do singular, indicativo da pessoa com quem se fala e também funcionamento do sujeito gramatical. Assim fiz por considerar que não há solenidade na marcação pronominal (conforme é praxe pensar partindo do solipsismo sudestino brasileiro, o qual costuma ignorar as variações do "tutear" tão popular em outras latitudes de nosso idioma). É do espanhol rio-platense informal que se prefira o "vos" (equivalente ao nosso "você") ao "tu" ou ao soleníssimo "usted". De modo que então optei pela marcação que agrava no original o estranhamento, estimulado pela forma sugestivamente menos prosaica, porém não a verdadeiramente formal. Ou seja: evitar a familiaridade possível no aportuguesamento da locução pizarnikeana; provocar a idiossincrasia intencional emergente da língua de partida, assim esperando dilatação na língua de chegada.

---

[3] Agradeço vivamente à Mariana Di Salvio, revisora desta tradução, bem como à Maíra Nassif, editora destes livros, posto que ambas revisaram, comentaram, cotejaram traduções anteriores e somaram soluções ao longo do trabalho. Agradeço também à Ana Martins Marques e à Marília Garcia, por terem colaborado com o encerramento de algumas questões finais da tradução. Agradecimentos ainda à María Florencia Riveiros Abraham, responsável pela Seção Cultura do Consulado da República Argentina no Rio de Janeiro, por ter sido muito solícita às nossas demandas de submissão (que se viram repetidas vezes ameaçadas por extravio de correspondência) junto ao Programa Sur.

No terceiro poema de *Árvore de Diana* assoma em espanhol a bem construída aliteração "(...) la viajera con el vaso vacío". Uma tradução retamente literal, isto é, desinteressada do procedimento transcriativo demandado pela condição verbal do texto poético, ignoraria muito rapidamente a lapidar estrutura aliterativa e traduziria com fidelidade demais os versos citados por "a viajante com o copo vazio". A reconstrução paramórfica, frente à frase citada, aliás, frase a se repetir em outra altura do livro *Os trabalhos e as noites*, tentou cuidar de não pôr a perder a espessura sonora dos versos originais, assim resultando na minha opção de traição sob a sentença "(...) a caminhante com o copo desocupado". Tudo isso teria permitido afinar a língua portuguesa em uma sorte de diapasão aliterante capaz de alcançar o percussivo sopro pizarnikeano mediante uma frase que ressurge como um mantra nos livros aqui traduzidos, repondo a palavra dentro do óvulo da palavra para de lá retirá-la – emulando, conforme sublinho, a situação verbal dos versos de partida – em sua mais notável performatividade elocutória.[4]

Outro caso necessário ao alargamento da língua de tradução em fricção com a língua de partida comparece no poema "A verdade desta velha parede", do livro *Os trabalhos e as noites*. Canta no original toda uma

---

4 Por determinação editorial, a opção de tradução "a caminhante com o copo desocupado" não pôde ser mantida. Restou no texto impresso a tradução literal "a viajante com o copo vazio", opção que, conforme explico acima, não atende à espessura aliterativa do verso comentado. Agradeço, contudo, a permissão para manter neste posfácio minha opção e justificativa de tradução.

sequência de verdadeira carpintaria verbal na qual se enfileiram palavras iniciadas pela letra h: "(...) es halo es hielo / hilos vibran tiemblan / hilos". O viés literal poria novamente a perder a música fonográfica da poesia. De modo que a solução revelada esteve em traduzir "hielo" (gelo) por álgido (adjetivação correspondente ao mesmo campo semântico do significante original, assim não perdendo a contratura poética dos versos exemplificados – posto que em ambas as línguas a letra h tem uma irrupção sonora fantasmática, isto é, com presença tipográfica, porém de certa insubstancialidade prosódica). A contiguidade gramatical das duas línguas facilitou a manutenção dos últimos versos do poema aludido, concluído por nova aliteração enumerativa: "es verde estoy muriendo / es muro es mero muro es mudo mira muere", "é verde estou morrendo / é muro é mero muro é mudo mira morre".

São alguns dos casos que pediam ser aqui brevemente relatados, apontando por meio do raciocínio de tradução quais foram as sutilezas a que precisei estar atento ao vislumbrar certa contiguidade entre os efeitos semânticos e fônicos produzidos no original e de recriações aspiradas na tradução.

A traição da tradução não é, portanto, sinônimo de assistematicidade. Trata-se precisamente do contrário: uma tentativa ao mesmo tempo de não incorrer em bizarrices canhestras nem em métodos prévios, antes criar percursos não obsoletos e parâmetros transcriativos singulares, algo que permita captar o registro fonográfico de uma poesia que faz a língua alcançar disruptivas vibrações verbais. Foi o percurso aqui procurado: deslocar com a tradução a língua de acolhida de versos tão inadiáveis, não impondo ao original o gesso muito frágil de uma tradução meramente literal, muito menos a descuidada dinamite de uma implosão tradutória sem parâmetros.

Como as traições, também as traduções devem ser recriadas no tempo, dotadas de novos signos de sentidos a partir de sua recepção em contextos variantes. Por tudo isso, esperemos sempre mais da poesia de Alejandra Pizarnik entre nós, vizinhos provisoriamente distantes da riquíssima literatura argentina que frequentamos nestas páginas. Afinal, a tradução não é senão – Ana *dixit* – "um relógio atrasado / que marca a hora certa / de algum outro lugar".

Referências

AIRA, César. *Alejandra Pizarnik*. Rosario: Beatriz Viterbo Editora, 2004.

MARQUES, Ana Martins. "Tradução". In: ___. *O livro das semelhanças*. São Paulo: Companhia das Letras, 2015.

RICOEUR, Paul. *Sobre a tradução*. Tradução e prefácio de Patrícia Lavelle. Belo Horizonte: Editora da UFMG, 2012.

© by Myriam Pizarnik
© Relicário Edições, 2018

CIP –Brasil Catalogação-na-Fonte | Sindicato Nacional dos Editores de Livro, RJ

P695a
Pizarnik, Alejandra

    Árvore de Diana / Alejandra Pizarnik ; traduzido por Davis Diniz. – Belo Horizonte, MG : Relicário, 2018.

    104 p. ; 13cm x 20,7cm.

    Tradução de: *Árbol de Diana*
    ISBN: 978-85-66786-68-2

    1. Literatura argentina. 2. Poesia. I. Diniz, Davis. II. Título.

                                  CDD 868.9932
                                  CDU 821.134.2(82)-1

Obra editada com o incentivo do Programa "SUR" de apoio às Traduções do Ministério de Relações Exteriores e Culto da República Argentina.

Obra editada en el marco del Programa "Sur" de Apoyo a las Traducciones del Ministerio de Relaciones Exteriores, Comercio Internacional y Culto de la República Argentina.

Edição de referência dos poemas originais:
PIZARNIK, Alejandra. *Poesía completa*. Edición a cargo de Ana Becciú. Buenos Aires/Barcelona: Editorial Lumen, 2005.

COORDENAÇÃO EDITORIAL Maíra Nassif Passos
PROJETO GRÁFICO & DIAGRAMAÇÃO Ana C. Bahia
FOTO DA CAPA Sara Facio
TRADUÇÃO Davis Diniz
REVISÃO DA TRADUÇÃO Mariana Di Salvio

/re li.cá.rio/

Rua Machado, 155, casa 1, Colégio Batista | Belo Horizonte, MG, 31110-080
contato@relicarioedicoes.com | www.relicarioedicoes.com
relicarioedicoes   relicario.edicoes

1ª edição [2018]
3ª reimpressão [2025]

Esta obra foi composta em PT Sans e PT Serif
sobre papel Pólen Bold 90 g/m² para a Relicário Edições.